올 · 챙 · 이 · 개 · 구 · 리 · 가 · 되 · 다

사색의 窓

사색의 窓
秋天 홍기은 詩集
도서출판 천우

["글"이라는 것에 대한 나의 見解]

나는 오늘도 글을 쓰고 있다
정확히 말해 나는 "詩"라는 것을 쓰고 있다.
하지만 啓蒙的이거나
다소는 反抗的이며 歷史를 論하는 글이
가장 쓰기가 어렵다는 것은,
펙트가 바탕이 돼야 하기 때문이다.
그렇지 않으면
온갖 사람들이 最後의 手段까지 動員해
공격하는 것을 막아내기 어려울 것이니,
여기서 留念해야 할 것은
煽動的인 것은 眞實有無를 그다지
따지지 않아도 된다는 점에서
啓蒙이나 反抗性, 歷史性과는 脈이 다르다
할 것이다.
아울러,
風景을 노래하고,

感性을 연주하며,

追憶을 召喚하는 글은

누구라도 쉽게 써낼 수 있다지만,

이 또한 體驗的펙트가 前提되지 않는다면

살아 있는 글이라 볼 수 없는 것으로

최소한 글을 對하는 나의 見解는 이렇다.

甲辰年 12월 어느 날

홍기은

제1부

가족(家族)이라는 이름

제2부

사모곡(思母曲)

제3부

동심(童心)

제4부

추억(追憶)은 가슴에 묻고

제5부

역사(歷史)의 향기(香氣)

제6부

사색의 창(窓)

제6부

제1부

가족(家族)이라는 이름

태풍(颱風)과 아비

남쪽서 태풍(颱風)불어 고깃배 묶였다
도미며 농어 도다리에 청보리멸
아침 판 장엔
고깃금 좋았다던데…

아이들 휴가(休假)라며 집에들 온다 하고
저야 배 묶여 작업 못가니
무에로 내놓아야 하나
기름값 무겁다 해도
아무것 줄 게 없는 아비 맘에야…

아비는 연신
담배 연기 핑계 삼아 허공에다 대고
애꿎은 태풍(颱風)만 탓하는데
이왕 온 태풍(颱風)은 이름값 하려나 보이고
안타까운 아비 속은 숯검정 되어간다

부부(夫婦)

부부(夫婦)라는 것이
얼굴을 먹고 사는
것은 아니며

이쁘다 곱다
그것으로 한 끼 먹을
밥이 나오는 것
또한 아니니

마음 행복한 순간도
예기치 못한 언쟁도
부부는 같이 한다

사람 안에
사람 있어야 하듯
부부는 또 그렇게
서로 미워하며 위로하며 산다

우리 언제 싸웠냐는 듯
칼로 물 베기 놀이 하는 게
부부 아닌가

그렇게 부부는
정들어 가고 농익어 간다

수박

“수박 다 먹었는데…”하니
밥쟁이 왈
“아~ 새로 한 통 사왔어요
썰어 놓을게”란다

거실에 죽치고 앉아
글이라 쓴답시고 핑계 대곤
냉장고 문 닳도록 열었다 또 닫았다를
반복하며
밥쟁이가 먹기 좋게 준비해 둔
각설탕 같은 수박을 먹는다

올 여름엔
참 요긴하게 먹었는데
우리집 밥쟁이가 이처럼 이쁜 줄
이제야 깨닫는다

저녁에 퇴근하고 오면
뽀뽀라도 해 줘야겠다

기억(記憶)하고 추억(追憶)하며

너 보내고
해가 바뀌었구나
11년이란 긴 시간
애증(愛憎)을 같이 했었지

이제는
자꾸만 무뎌지고 가벼워져 가는
너에 대한 내 마음

이러다 언젠가는 깡그리
잊히지나 않을지
걱정스럽다

그러나 나는 너를
언제까지나
기억(記憶)하고 추억(追憶)하마

바람 불지 않아도
눕는 풀잎처럼
너를 기억(記憶)하며 살아가마

* 막내딸 봉다리를 추억하며

나에겐 슬픈 봄

강산이 열 번 바뀌고
일 년을 더 같이 했는데
긴 고독 겨울 가고 새봄 왔건만

이제 다시
널 볼 수 없고
봄 마중 나들이
같이 할 수 없구나

사진으로만 보는
내 마음
손톱 밑의 가시가
이보다 더 아프다더냐

네 꾹꾹이처럼
부드러운 바람 불어오고
지천에 꽃들
아름다운 환희 노래하겠지만

나에겐 슬픈 봄
지나간 시간일 뿐
공허함만이 자리한다

다시는 다시는
볼 수 없는 너이기에

* 봉다리 보내고 처음 맞이하는 봄에…

만남 뒤엔 이별이

탯줄 하나로
나는 어머니를 만났지

보듬어 키우며 입에 것 내주고
배곯지 않게 하시다
어느 날 떠나시니
만남 뒤엔 이별이던가

여름날 우연히
내 곁을 찾아왔던 그 아이
홀연히 떠나니
만남 뒤엔 이별이었다

사람도 동물도 새들도
물고기도 나무도 꽃들도
자라고 피고 지니
만남 뒤엔 이별이었다

왔던 길 다시 흙으로 돌아가
네 흔적조차 남기지 않았지만
만남 뒤엔 이별 아니던가

언젠가는 맞이할 이별
이왕 만났으니 아름답게 행복하게
그렇게 살다 가자

만남 뒤엔 이별이 옴은
내 가슴속
네 뜨거운 심장 속에서만
고이 간직하면서…

* 봉다리 49재에

그리움 하나 별이 되고

작은 가방 비켜 메고 열차에 올라
정함 없는 길 달려 도달한
객지의 한적한 작은 역
석양은 산 너머로 어느새 자취를 감추고
땅거미 짙게 내려앉은 바닷가엔
밤하늘 별만이 나를 반긴다

쏴~ 밀려왔다 되돌아 가는
자갈밭 파도 소리
자그락거리는 발밑의 자갈만
이방인 임을 단번에 알아 보고
한 개비 담배 빼어 물고 후~ 내뱉을 즘
흩어지는 연기 속으로 묻어 나는 그리움 하나

그동안 잘 지냈냐 물어보지만
아이는 대답 대신
"저 별이 나예요"라며
앙증맞은 손가락으로 작은 별 하나를
가리킨다

그랬구나 그랬구나
너 몹시 그리웁고 보고파서
오늘 이곳엘 왔더니
그 그리움이 저 별이었고
가슴 시린 그리움은 저 별이 되었으며
초롱초롱 빛나는 별이 너였구나

내 아이만큼 빠른 세월(歲月)

묵직한 기저귀 차고
아장 아장

통통한 손가락 물고
아장아장

방바닥 파리 한 놈 잡으러
아장아장

아침에 출근한 아버지 왔다고
옹알옹알
아장아장

그러던 녀석
이제 다 커 30대 중반
장가를 간다는구만
참 세월 빠르다

시집오고 장가가는 녀석들

얄밉도록 비가 내리고
이리저리 뒤척이다
맞이한 새벽

시집 장가는 제 놈들이 가는데
내가 왜 바짓가랑이
힘이 들어가는지

오늘 새로이 문밖을 나서는
병아리 두 마리
오손 도손 행복하게 잘 사려무나

아버지가 너희에게 준
"평생 반려 사람[人]"
언제까지나 품속에 간직하거라

축하한다
한 쌍의 원앙 되어
깨가 쏟아지도록 잘 살아

기쁜 슬픔

어머니 아들의 아들이
장가가던 날
나는 기뻐서 울었고
너무 행복해서 슬펐다

어머니
당신께서 함께 계셨더라면
지긋하신 눈으로 바라보시며
얼마나 좋아하셨을까

내 새끼의 새끼가
새 식구를 맞이하는 걸 보시고
얼마나 행복해하셨을까

하지만 어머니는
별나라 너무 먼 곳에 계시기에
이 같은 축복 경사 오시지 못하셨지만
축복해 주셨으리라

오늘 마치고 나면
아이들 시간여유 있는 날
그들 앞장세우고
어머니한테나 다녀와야겠다

아버지의 모습

아버지는 나에게
광활한 우주(宇宙)를 항해하는 여행자(旅行者)
이름 없는 별 같은 신비로움

키는 컸을까 작았을까
늠름했을까
여인(女人)처럼 오목조목 아름답게 생겼을까
그저 그렇게 생겼을까

아버지는 나에게 오로라의 신비로움도
힘차게 솟아오르는
태양 같은 우렁참도 없다

아버지는 어떤 모습이셨을까
만화 속의 주인공 같은
정의(正義)로운 사도(使徒)였을까
나는 오늘도 궁금할 뿐이다

전해 준 어머니의 기억조차
가물가물 흩어져 버리고
나는 오늘도
아버지의 얼굴은 어떤 모습이었을까를
그려 본다

평생반려증표(平生伴侶證票)『사람 “人”』

— 孝錫과 河潤의 幸福結婚에 즈음하여

선남선녀(善男善女) 만나
연민(憐憫)하고 사랑하여
마음 주고받아 오늘에 이르러

평생가약(平生佳約) 맺어
어엿한 신랑각시로
행복(幸福) 가꿔 나가리라 約束하니
축복(祝福)받을 일이로다

때로 비바람과 어려움
된서리 내리는 힘듦과 어려움도
마음 깊이 울고 싶은 슬픔도 있겠지만
두 마음 합하여 克復하고

하나가 힘들면
또 하나 버팀목 되어
흔들림 없이 평생 함께하는
평생반려증표(伴侶證票證票)『사람“人”』이라

오늘 두 인연(因緣)
굳은 약속(約束) 새롭게 출발함에
온 세상 모두 한마음으로 축복(祝福)하노니
행복(幸福)이 영원(永遠)하리라

* 2024. 11. 2, 아버지 어머니

뽀뽀와 잔소리

거나한 막걸리 내음
아버지가 내 볼에
뽀뽀 세례를 한다

작고 앙증맞은 손
두 개 붙여 아버지 코앞으로 내밀면
아버지 빙긋이 웃으시며
"옜다, 10환"

"안 일어나나?"
어머니 깨우는 소리
"지각할라, 어여 씻고 밥 먹어"
어머니의 아침 잔소리

세월 지나
우리 장성하여 아이들 키우며
애꿎어 보이던
아버지의 뽀뽀가 그립고

아침 찬 서리 보다 무섭던
어머니의 잔소리가 그립다
아버지! 어머니!
보고 싶습니다

제2부

사모곡(思母曲)

엄마와의 데이트

장갑 한 켤레 낫 한 자루 들고
나는 오늘
엄마를 만나러 간다

올 여름엔 유난히
비도 많았었는데

엄마!
비 피해는 없으셨는교?
장마에 풀도 많이 짓었지예?
내 곧 당도하니 쪼매만 기다리 이소
내가 말끔히 깎아 드릴께예

오늘은 혼자라오
다들 바쁘니 혼자입니다만
서운해는 마이소
예전에 잘 잡수시던 소주 한 병은
잘 챙겨 놨다예

그리 서운하지는 않지예?

엄마와 홍시

옴마!
와?
오늘은 뭐 없나?
아들놈이 싱긋이 웃는데

야이놈아!
그기 맨날 있다 쿠더나?

아들이 엄마한테 뭔가를 조르지만
엄만들 없는 걸 어이하리
언감생심(焉敢生心)이라

엄마 살아 계실 적
보리 쌀독 홍시는 참으로 진미였는데
공부한다고 하나
심부름 다녀오라 하나

홍시는 나를 부려 먹는 비장의 무기였고
홍시는 꺼내 주셔도
홍시가 있는 보리 쌀독은
절대 비밀이었던 엄마

아들이 배곯을세라
여기저기에 먹을 것을 만들어 놓으시던 엄마
이제는 엄마 안 계시니
홍시를 먹을 수 없구나

성묘

"엄마, 나왔어"
정성껏 소주 한 잔 올리고
엎드려 절 올리는데
괜스레 앞서는 눈물

눈치 빠른 밥쟁이
"아이들도 있건만" 옆구리 질러 핀잔을 주고
"아니, 엎드리는데 풀이 눈에…"라며
나는 애써 시침을 뗀다

영문 모른 아이들 절을 올릴 즘
나는 뒤돌아서 하늘 쳐다보며
담배 한 개비 빼어 물고는
뭉쳐진 회한을 허공에 날리며
눈가의 자국 지우느라 바쁘다

"엄마, 내년에는 하나 더 올 거야"
나는 아직 나지도 않은 손주를 고해 올리며
내년을 기약한다
"엄마, 잘 있어, 또 올게"

엄마의 보리밥 바구니

책 보따리 마루에 놓기 무섭게
아이는 부엌문 위에 걸린
대바구니 내리고
식어 거무스레 딱지 앉은 보리밥
주걱으로 한 덩이 푸욱 떠
물 한 바가지 보탠다

반찬이래야
된장에 풋고추 두어 개
시장이 반찬이라
아이에겐 그것도 진수성찬이다

어머니는 내 아이 배고플까 걱정하시고
초벌이나마 삶아 낸 보리밥 바구니
부엌문 위에 정성껏
매달아 놓으셨나 보다

그리운 어머니의 밥상

시큼한 묵은 김치
밭둑에서 방금 캐어 온
달래 조리고

냉이된장국에
쪽파 데쳐 두루말이 무쳐내면
꽁보리밥 한 그릇은
어느새 뚝딱

거뭇거뭇한 된장에
잘 묻어 두었던
장아찌 고추 베어 먹으며
이마 땀 연신 닦아내던
어머니의 밥상

둘러앉은 밥상머리
오가는 숟가락이 부딪치고
한 숟가락 더 먹으려는
욕심부림 있어도

소담 소담 작은 그릇에

소복소복 담겨 온
어머니의 정성에
모두가 행복했던 시절

그리운 그 시절로
돌아가고 싶다

* 이 봄에 나는 보릿고개 시절의 어머니 밥상이 새삼 그리워집니다.

잔술

엄마!
나 왔어, 둘째
그동안 잘 지내셨소?

나지막이 고해 올리고
이슬 덜 깬 풀 위로
무릎 꿇어 절 올리니

엄마는 아무 말 없으시고
곁에 가만히 있던
봉다리 눈짓을 한다

뭐 서운한 게 있으시우?
하고 물을 찰나
아이고~~!
잔술이 빠졌구나

엄마!
여기 약주 대령했수
너무 서운해 마시우

황급히 한 잔 올리니
엄마 얼굴 환해지시고
봉다리도 그제서야
배시시 웃는다

엄마!
다음에는 약주부터
먼저 올리리다

어머니 (1)

도가지 속 홍시 하나
투박한 손으로 꺼내 주시며
행복하신 듯 바라보시던 어머니

당신은 저 멀리 은하강 건너 계시지만
나는 당신의 곱디고운 모습을
볼 수 있나이다

어머니 나는 오늘도
높디높은 곳에 계신 당신을 보며
덥디더운 여름날 길을 걷나이다

당신이 계셨기에 내가 지금 걸을 수 있고
당신께서 살펴 주셨기에
내가 이렇게 온전하게 행복을 누리고 있나이다

어머니
나도 언젠가는 당신 곁으로 가겠지만
당신 새끼의 새끼들이
행복하게 사는 모습은 보고 싶나이다

당신께서 내게 도가지 속 홍시 하나
내밀어 주시며
행복하신 눈으로 바라보시던 그런 눈으로
아이들을 바라보고 싶나이다

그런 연후에
어머니 당신 곁으로 가겠나이다
어머니

밥투정

쌀은 고사하고
보리쌀마저도 모자랐던 시절
방앗 딩겨에 밀가루 섞어
유월 본디 얹어 쪄낸 개떡은 별미였었고

절간고구마에
반죽한 수제비 뚝뚝 뜯어 던져 만든
빼떽이 수제비는
둘이 먹다가 하나 나가도 모를 지경이었고

절임 무에 소금간 적당히
짜지 않은 동치미는
한겨울 자잘한 고구마엔
어찌나 궁합이 맞던지

그런 시절도 있었건만
잡곡 섞인 밥에 투정이니
건강하라 마누라 애써 지어낸 밥을
검가 붉다 궁시렁

너무 검은 밥만 먹어서 인가
배가 덜 고파서 인가
언감생심(焉敢生心) 복에 겨워 같잖은 투정을 한다
마누라 보기 미안치도 않나

아서라
아서라
주린 배 채우기도 버겁던 시절
너 벌써 잊었더란 말이냐

동지팥죽

가까운 암자 보살께서
동지팥죽 보내셨다

예전에 어머니께선 팥죽 끓이시면
팥죽에 새알
나이 수 대로 먹으라셨는데

그래야
한 살을 더 먹을 수 있다시며…

보내온 팥죽에는
나이대로 먹을 수 있는
새알이 없다

나이 더 먹지 않음은
감히 기뻐할 일이나
양대로 못 먹으니 참으로 아쉽구나

어머니!
당신이 보고 싶습니다

어머니 보고 싶습니다

어머니
밤이 늦었나이다
당신은 벌써
꿈나라 저쪽에서 별을 타고
추억여행(追憶旅行) 중이시겠지만

나는 아직도
당신 밤하늘의 별을
바라다보며
어느 게 당신 것인지를
찾고 있습니다

어머니
보고 싶습니다

어머니 (2)

어머니!
서산마루 해가 집니다
달도 종종걸음 바쁩니다

초저녁 찾았던 별들 어느새 자리바꿈하고
동녘 샛별 밝으니
곧이어 해 뜨겠지요

찰나처럼 또 하루 지나 석양이 지고
언제나처럼 땅거미 내리면
달은 아장거리며 달려 나오고
동편에 자경성 따라 빛나겠지요

자연은 이렇게 윤회(輪廻) 하는데
어머니
당신께선 가신 뒤로
왜 다시 오지 않으시는지요

오늘따라 어머니가
사무치도록 보고 싶습니다
어머니!

제3부

동심(童心)

할매와 손주

동이(東夷)야 밥묵자
할매 모시 온나

할매 아까
염소 몰로 가셨는데

그람 니는
내랑 먼저 묵자

아이다 옴마
내는 좀 있다
할매랑 묵을 끼다

스물스물 넘어가는 석양빛에
코딱지 꼬맹이의
볼 홍조가 반짝이고

할매생각 손주의
마음이 곱다

썰매와 양말 구멍

겨울답지 않은 포근한 오후
얼추 반은 녹아 출렁이는 강 얼음 위로
개구쟁이 몇 놈
썰매 타기 한창이다

물에 빠질지도 모르는데
가장자리까지 갔다 오는 놈
곧 깨어질 것 같은데
얼음구멍 위로 넘나드는 놈
작은 강이 소란하다

그러다 어디선가
한 놈이 얼음구멍에 빠졌는지
꼭 새앙쥐 꼴을 하고선
형아들 불피워 놓은 강둑으로 가
몸을 말리고 나일롱 양말로 감싼
발도 말린다

그러다 아뿔싸
양말에 구멍이 나고 말았으니

아이쿠야!
엄마한테 뭐라 둘러대지?

이런 궁리 저런 궁리를 해대고
형아들은 엉뚱한 조언을 하느라
우수갯 소리가 연방 터지며
녀석의 걱정스런 모습이
참 재미있다

60~70년대의
시골의 풍경이다
그런 시절 다시 올까…

눈사람

동그란 몸뚱이 붙여
눈 두 개
코 한 개
키 작은 눈사람

익살맞은 눈썹 삐뚤은 입술
비스듬히 서서는
시선은 위로 향했다

오가는 눈망울들
눈사람을 보나
눈사람이
그니들을 보는가

바람 부는 길모퉁이
눈사람 섰다
지나가던 댕댕이 녀석
힐끗 쳐다보곤

다리 들고 쉬 해도
눈사람은 헤벌레
마냥 좋은가 보다
마음 착한 눈사람

크레용

열여덟
스물넷에 서른여섯
마흔여덟에 쉰다섯
예순여섯 가지가 있으니

크레파스
지금은 가지가지
색상도 나뉘어 많지만

열여덟은 고사하고
열 두 색도 어려워
미술 시간에 염체불구
친구 걸 빌려 썼었지

나무라 그리니 새가 앉고
무지개 그리니
점점 묻어 난 크레용 가루에
은하수 한가득

이쁘던 미술쌤
잘 그렸다 칭찬에

크레용 묻은 손이 웃었고
친구의 박수는 교실 한가득 이었지

크레용
크레파스
파스텔도 아니고
수성이나 스물네 색 물감 아니어도
아이는 꿈을 그려 냈었다
해맑게 웃는 햇님을 그렸었다

연

마름모에
귀 달고 꼬리 달아 가오리연
사각에 골격 덧댄
방패연

벙어리장갑 두텁게
자세 잡고 이리저리
연이 하늘을 타고
꼬리가 춤춘다

아이가 뛰며
검둥이도 같이 뛰니
연은 덩달아 높이 날고
아이 마음은 벌써 우주로 갔다

바람이 분다
서녘 하늘 노을마냥
아이의 볼이 붉고
흐르는 콧물 주체할 수 없어도
추위 따위 대수인가

언덕 위 나뭇가지 춤을 추고
연도 함께 춤을 추고
아이의 어깨가 춤을 춘다

바람을 보는 아이

저 멀리 수평선
작은 배 연통
뒤로만 뒤로만 가는
검은 연기에서
아이는 바람을 본다

집 뒤곁 대나무 숲
스산히 나부끼는 댓 닢으로
아이는 바람의 흔적을 보며

흙먼지 이는 좁은 골목길
싸그락 거리며 이리저리 나부끼는
낙엽의 불쌍함에서도
아이는 바람을 본다

하늘을 흐르는 구름
언뜻 스치고 지나는
강물 위에서도
아이는 바람을 보니

누가 바람더러
보이지 않는다 했던가
아이는
보고 느끼고 있는데 말이다

붕어빵과 잉어빵

아줌마
붕어빵 두 개만 주세요
까무잡잡 맹랑하게 생긴
코찔찔이 두 녀석
붕어빵 주문에 소란하고

아줌마
붕어빵은 한 개 얼마예요
한 개 팔백 원 세 개 이천 원
그럼 잉어빵은요
잉어도 같지

아줌마 붕어보다 잉어가 큰데
왜 값은 같아요
강에서 보면
붕어보다 잉어가 훨씬 크고
힘도 세 보이던데

아이코~~
요 맹랑한 녀석들을 봤나
그래도 요 녀석들
관찰력 하나는 일품이네

꼬마와 나비

옹기종기 오목조목
까르르 해맑은
꼬마들 웃음소리
교실 안이 한가득

궁금해 들렀나
호랑나비 한 마리
살며시 들여다보고

어!
나비다!

한 녀석의 외침 속에
우르르 창가로 몰려가
나비를 본다
하늘을 본다

녀석들 맑은 눈망울 속에
꿈이 보인다
희망 가득한 내일이 보인다

첫눈

어!
눈이다

형아야 눈 온다!
엄마 눈 와!

나풀거리는 눈발에
옆집 꼬맹이
마당 강아지 마냥 좋아라 난리다

어라!
그러고 보니
올들어 처음 보는 눈

아니지
근년 들어 오랜만에 처음 보는 것 같고
간만에 보는 광경
어른인 나도 신기할 뿐이다

눈이 온다
첫눈이 온다
첫눈이 오면 보자던
순이 생각이 난다

아이와 담근 감

아이는 새벽에 일어나 눈을 부비곤
낡아 빛바랜 바가지 하나 들고
혜윤이네 집 담장 아래 토란밭으로 간다

올해 혜윤이네 감은 많이도 열렸는지라
이슬도 주체 못 해 절로 떨어지니
아이는 그걸 주어다
우려먹으려나 보다

토란 이슬 털어내고 이리저리 살피니
어떤 놈은 오래돼 농했고
어떤 놈은 금방 떨어진지라
담가 먹기 좋은 놈이구나

바가지 한가득 주워 담고 와
장독에 씻어 담는데
어머니 손길 곁눈으로 본
재주를 부려 본다

이놈 익으면 시큼털털 별 진미 아니어도
요긴한 간식거리임을
기억하고 있었구나

정갈히 뚜껑 닫고 돌아서는
아이의 뒷모습이
대견하고 여유롭다

아이야 그 감 우려지면
나랑 같이 나눠 먹자꾸나

우리 엄마

우리 엄마 훨훨 날아
별나라 여행 갔지
잡았던 손 놓아 주고
은하수 건너갔지

곧 돌아 오마 라던 約束
記憶조차 가물가물
가이 없는 하늘엔
별들만 반짝이고

엄마!!
나는 엄마 너무 보고 싶어
엄마!!
언제 돌아와?

제4부

추억(追憶)은 가슴에 묻고

까치가 전한 이별

여느 때처럼
영내 미루나무 까치가 울면
어김없이 전해진 서너 통의 편지
거기에 그의 이름은 찾을 수 없었고

3년이란 긴 세월
느리게 흘러간 뒤
집에 돌아갔지만
그 아이 소식은 끝내 듣지 못했다

까치가 울면
기쁜 소식 온다 했는데
그날 울어대던 까치는
아마도 이별 소식 전하러 왔었나 보다

추억(追憶)은 가슴에 묻고

고전(古傳) 읽기 바빴던 6학년 여름
날 좋아했던 그 아이의
시원하던 사이다 날벼락도

풋사랑 고교시절(高校時節) 초여름 남산(南山)에서의
갑작스럽던 소낙비 세례도
이제는 묻자

풀밭 스치는 바람 소리에도
그 사람인가
마음졸여 기다렸지만
새벽 밝아 오도록 오지 않던 가슴 시린 추억(追憶)도

다방레지 눈치 보며
거북선 담배 한 봉 다하도록 시간(時間) 죽이던
청춘시절(靑春時節)의 낭만(浪漫)도 이제는 묻자

추억(追憶)은 추억(追憶)일 뿐
그때는 때 묻지 않은 풋풋한 사랑이었겠지만
지금은 붉게 물들어

노을 진 석양(夕陽) 바라보는
황혼길(黃昏길) 인생(人生) 아니던가

많고 많은 기억(記憶) 속 추억(追憶)이며 낭만(浪漫)도
모르는 듯 묻어두고
아름다웠다면 아름다운 대로 묻고
슬프디슬픈 영화였다면 그 또한 그렇게 묻어두자

어쩌다 꺼내보고 싶다면
쓰디쓴 소주 한 잔에
청승맞은 노래라도 듣고
추억(追憶)일랑은 잊힌 듯 묻어두자

가슴속에 고이
담아만 두자

젊은 날의 이별

두 어권 담긴 책가방 둘러메고
토요일 오후 간간이 찾던
조그만 반지하 카페

레몬 조각 하나 걸친 진토닉 잔
어둑한 실내를 감도는
조용한 카페 음악이 흐르고

한 잔이 모자라 두 잔을 주문하도록
오지 않는 사람
손목시계 시침이 해넘어 감을 가리켜도
전화조차 없었다

애꿎은 진토닉 빈 잔은 늘어만 가고
막차 시간조차 지나 버린 후
왜 그랬냐고
약속이 무슨 애들 말장난이냐고
따지기도 전에 끝나버린 젊은 날의 이별

그날 토요일 오후는 참으로 무더웠었지
한바탕 소나기라도 내렸더라면
빗물 속에 아픔쯤은
감출 수도 있었을 텐데…

별만 헤이던 사랑

땅거미 내려앉은 밤
머리 위의 별들은 사랑을 속삭이고
풀 밭길 손 나눠 잡고
서로의 온기 나눌 적

얇은 운동화 속 발은 차가운 이슬로 젖고
앞만 보며 다정히 나눈
그 아이와 나와의 사랑 이야기는
은하수보다 길었지

일주일 지나면 군대를 가야 하는데
소녀의 하얀 볼이
별빛에 반짝인다

가슴 시려 울었을까
소녀 마음 모르는 까까머리 미웠을까
그렇게 또 둘이는 졸고 있는 별들만 헤며
말없이 걷기만 했고

시각은 자정 지나 새벽 별이 애처롭고
무심한 총각은
참으로 바보였구나

잡았던 손 힘없이 놓으며
뒤돌아 올 때
뛰어가던 소녀의 발소리만 환청 되어
메아리친다

이별 기억

이슬은 밤새
소리죽여 내렸고
별도 따라 흐를 때
소환된 기억 하나

머리 저어 애써
지워보려 하지만
그럴수록 더 선명해지고

하늘 가득 반짝이는
애꿎은 별만 헤다
양 볼 가득 타고 내리는
뜨거움이 느껴질 즘

나는 하얀 손수건에
아스라한 이별 기억만
훔쳐내고 있었다

＊1984년 여름 어느 날

아픈 기억

고속버스가 터널을 지날 때
꺼내든 하얀 손수건
“저 들판의 색깔이 세 번 변해도…”
쏟아지던 눈물이 마르기도 전
가버렸던 그 아이

다시 만나자 던
속삭임의 약속은
허망한 유성되어 사라져 갔고
다독이고 다독이던 아픈 기억
되돌아간 파도조차 망각으로 기억한다

* 1987년 고등학교 재학시절 군입대를 회상하며

오뉴월 개꿈

하늘엔 두세 조각 동동 구름 떠가고
순이 손잡고
잔디 카펫 밟으며 방천길 걷는데
온몸 전해오는 따스한 온기

순이 손은
어머니 만들어 주신
이불솜만큼 보드라우니
이런 날도 있구나
내가 순이랑 데이트를 하다니

구름 위 걷는가
한 마리 새 되어 나르는가
사픈 사픈 한 참 걷다
살포시 포옹이라도 할까
입맞춤이라도 해 볼까

두근대는 가슴 다독이며
마주 보고 서려는데

웬걸?
순이는 삽시간에 연기처럼 사라지고
댓돌 밑의 복실이만
실없이 헤헤거리고 있다

하~!
꿈이었구나
오뉴월 개꿈이었네

그대 떠나던 날

그대를 사랑했기에
나는 감히
안녕이라는 말은
내 가슴에 묻습니다

그대
내 곁을 떠나던 날
값싼 한 잔 위스키에
뺨 위로 흐르는 짜디짠 눈물 안주 삼아
거나하게 들이키곤
돌아서 왔지요

이제 나는
떠나보낸 그대를
다시 찾지 못 할지라도
간간이 반짝이는 반딧불이처럼
그대 생각은 나겠지요

날아간 새

당신이 내 안에 앉아 있기에
나는 그냥
새장 문 열어 놓았지

내 냄새에 길들여 지고
내 숨소리 익숙하여
들리는 내 심장 소리에
새장 안에서 안주할 거라
나는 굳게 믿었었지

그러다 어느 날
그 새는 날아가 버리고
텅 빈 새장 안 공허함만 남았었지

아~~! 허무함이여
오~~! 슬픔이여

순이와 달과 개와 님

순이야 뭐하노?
달 본다

순이야 뭐하노?
개 짖는 소리 듣지

순이야 뭐하노?
떠나간 님 그린다

참 너도 애닯구나
달 보고 개 소리 듣고
떠난 님은 또 뭐 한다고 그리노?

마음으로 쓰는 편지

벽시계는 두 시에 근접하고
간간이 포도를 달리는
자동차 소리만 들릴 뿐
조용한 새벽

두 편의 맛 없는 시를 쓰고
오늘도 두서없는 인사로
그대 향한 내 마음의 문을 연다

아직도 별나라 여행에서
은하강 건너 오지 못한
사랑하는 그대를 기다리면서
다만 행복하라 마음으로 빌며

수삼일 더 있으면 대명절이라
그대 고향으로 돌아 올 테지만
나는 그대 영접하지 못하고
다만 마음 편지만 써 붙임을 용서하기를…

* 1986년 별이 된 고등학교 동창 선화를 회상하며

고독만 영근 계절

볼을 스치는 차가운 냉기
물방울 어디 갔나
주렁주렁 달렸다가
해 오르기 전 가자며
풀숲 심연(深淵) 속으로 숨어들던
보석들 사라지고

부리나케 달려 올랐다가 황급히 내려오던
강의 식구들도 없는
고요한 고독만 흐르는 계절은
어둠 적막보다 더 슬프구나

만화방창(萬化方暢) 지천의 꽃이 좋다 자랑질 하다
너무 짧음에 실망하던 봄
용광로(鎔鑛爐) 더위인가
신선한 매미 소리마저도 소란타며
괜한 심술이 솟던 여름

은은한 달빛이 그려 준 저 혼자의 그림자에 놀라고
어깨 너머 어느새 다가선

순이 분 내음에 마음 설레던 가을까지도
가버린 계절

괜스레 마른 나뭇가지 끝에
퉁한 심술만 매달아 놓은 체
차디찬 바람은 휑하니 내빼고
웅웅거리는 소리만 남겨 놓는
이 계절은 진정 고독만 영글었다

제5부

역사(歷史)의 향기(香氣)

밝은 땅 昆陽

따 昆에 볕 陽이라
밝은 땅이로세
理明發源 飛鳳漆라
고을 원님 郡守셨고
어진 마음 爲民宣政
온 百姓이 稱頌하였네

昆陽城에 凝聚樓
背山臨水 風水라
비바람 막아주니
豊年歌 드높았고
名望人材 輩出하니
先香높은 곳이로다

悠久한 歷史
聖雄께서 아셨으니
白衣從軍 行軍路에
당신自炊 남기셨거늘
後代 사람 이어받아
代代孫孫 永遠하리

* 昆陽 : 慶尙南道 泗川市 昆陽面의 地域 및 行政地名

世宗과 高若海

聖君 世宗大王
수많은 업적 중
신하들 直言에
귀 기울이심이니

刑曹參判 高若海
비록 임금일지라도
흐트러짐 보이면
直言 서슴지 않았고

藥은 쓰나
病을 治癒한다 했던가

世宗은 高若海의 直言
고약하리만치 썼지만
선을 넘지 않으면
벌은 하되
다시 거두어들일 줄 아는
聖君이었으니

太平盛世
三千里 錦繡江山
土臺 닦으셨다

이 같은 聖君
우리 세상 또 언제
나실 것인가

漢陽都城

三千里 錦繡江山
檀君正氣 이어받아
朝鮮 建國 太祖 成桂
都邑한 곳 漢陽이라
外勢막고 治國太平
無事安寧 빌고 빌어
五十 里 길 漢陽都城
튼튼하게 쌓았으니

四分五裂 民族紛亂
外勢侵略 不知其數
壬辰丁酉 丙子胡亂
日帝强占 同族相殘
줄 이어 온 悲劇에도
都城만은 오롯이
버텨내고 막아내며
오늘에 이르렀네

勤勉誠實 百姓魂에
知慧로운 民族心性
世界萬邦 大韓民國

一流首都 서울이고
渾然一體 合心하면
代代孫孫 平和롭게
오순도순 살아가며
世界有一 우뚝서리

잊혀진 대전(大戰) 부산포해전(釜山浦海戰)

왜 수군 본거지 부산포(釜山浦)
성웅(聖雄)께서
이곳에서 무려 134척(隻)의
왜 수군 배를 깨어버려
전쟁 야욕 꺾게 한곳

명나라 코밑까지 갔던
코니시 유키나가(こにし ゆきなが-小西行長)
겁먹고 회군하니
이 얼마나 큰 전투던가

임진왜란 전쟁사(戰爭史)에
이보다 큰 대전(大戰)
어디 또 있을까

바다라는 열악한 조건에서
이렇게 큰 전과를 올린
전투가 또 어디 있을까

한산대첩(閑山大捷)
행주대첩(幸州大捷)

진주대첩(晉州大捷) 있지만
부산포대전(釜山浦大戰)에 비할까

그럼에도
그럼에도
대전(大戰)은 왜 잊혔을까

과거나 지금이나 사학자(史學者)들
내가 좀 아노라고
내가 내로라하는 자들

근시안적(近視眼的)인
자기오류(自己誤謬)에 빠진 나머지
거시적(巨視的) 안목(眼目)으로
전쟁의 전체 양상을 파악하는데
실패한 잘못은 없었을까

감히 되돌아봐야 할 일이다
역사적오류(歷史的誤謬)는 다시 연구하여
바로잡아야 할 것 아니던가

어쩌면 잊힌 전쟁 부산포해전(釜山浦海戰)
승리가 주는 의미를 재해석(在解釋)하고
승리의 주역 성웅(聖雄)과
장졸(將卒)들의 전공도
재평가(再評價)받아야 하리라

선진성(船津城) 사쿠라(さくら)

선진성(船津城) 이총원혼(耳塚冤魂)
구천(九泉)을 맴도는데
성역화(聖域化) 주변 경관(景觀)
사쿠라(さくら) 조형물(造形物) 웬 말인고

일본(日本) 도쿄(東京) 한복판
무궁화 심고
조형물(造形物) 만들어 놓으면
일본인(日本人)들 뭐라 할까

임란(壬亂) 아픔 서린 곳에
사쿠라(さくら) 심어놓고
희희낙락(喜喜樂樂)거리는 것으로도
모자라더냐

얼빠진 사람들아
생각 좀 하고 살자

矗石樓는 말한다

晉州城 軍官民 4,000여 명이 戰歿하였으니
내 나라를 倭敵으로부터
지켜 내고자 하는 아까운 生命이었구나

忠武公 金時敏 將軍
그 목숨 다하도록 死生決斷으로 싸웠지만
지켜내지 못함을 안타까워하니
1차 晉州城大捷
壬亂 3大捷에 당당히 이름 올림은
오늘날까지 面面이 이어지고

60,000여 冤魂이 스러져 간
2차 晉州城大捷
崔慶會 將軍
金千鎰 道 義兵節制使는
가토키요마사(加藤淸正)
고니시 유키나가(小西行長)의
整列된 軍에 맞서 싸웠지만
壯烈한 죽음으로 지켜낸 晉州城

矗石樓는 말한다
이들의 숭고한 犧牲이 있었기에
오늘날의 晉州가 있고
말없이 유유히 흐르는 南江은
그 처절했던 아픈 歷史를 記憶하며
높은 곳에서 오롯이 戰場을 내려다본
西將臺 또한 함께 記憶한다고

論介 忠節서린 義巖

壬辰倭亂 亂離通에 晉州城 官妓 論介
나 하나의 죽음으로 나라를 지켜 내고자
적장 놈 게야무라 로쿠스케(毛谷村六助)를 끌어안고
南江 한 가운데 바위에서 뛰어 내려
장렬히 散華해 가니 義巖이라

수 千年을 굽이쳐 흘러가는
강 한가운데의 작은 바위 하나
榮辱의 歲月을 지나왔음을
矗石樓는 알고 西將臺야 記憶하겠지만
來歷 모르는 이들이야
義巖인들 알랴마는

보잘것 없던 官妓 하나의 죽음으로
한 많은 내 나라 朝鮮을 지켜 냈음을
義巖만은 가슴에 품은 체
永遠不滅 崇高한 죽음을 결코 잊지 않으리라며
오늘도 南江은 유유히 흐른다

龍과 말똥구리

여의주(如意珠)를 가진 용(龍)을
말똥구리는 부러워하지 않고

똥 덩어리를 가진 말똥구리
용(龍) 또한 천대(賤待)하고 멸시(蔑視)하거나
비웃지 않듯

세상(世上) 모든 만물(萬物)에
귀천(貴賤)이 없으니

다만 그가 어디에 쓰이고
어떤 업적(業績)을 쌓았는가 만이

후세(後世)의 사람들에게
회자(膾炙)되리라

* 朝鮮 正祖때의 實學者 燕巖 朴趾源을 생각하며

제6부

사색의 창(窓)

앵무새의 슬픔

앵무새는 날지 못한다
좁디좁은 새장에 갇혀 있기 때문이다
앵무새는 날 수가 없다
빗나간 인간의 사랑과 욕망 때문이다

앵무새는 날고싶다
영혼이 자유롭게 훨~ 훨~ 날고 싶다
슬프디슬픈 눈망울을 보라
자유를 갈망하는 그들의 눈망울을 보라

그들은 우릴 보고 웃고 있어도 울고 있다
날고 싶은 갈망에…
이 앵무새에게 나는 자유를 줄 수 없음에
마음이 저리고 저린다

앵무새는 언제쯤 자유롭게 날 수 있을까
넓디넓은 세상으로…

거미줄

풀숲 가장자리 거미줄 걸려 있고
하얀 듯 연분홍 어여쁜 보석이
만국기 마냥 달렸다

허리 숙여 살펴보니
이쁘디이쁜
개싸리 꽃잎이구나

참으로 곱기도 하다
이 많은 걸 밤새
너 혼자 달았더냐

간밤엔 무던히 비도 많았던데
너는 식량 대신
바람 불어 떠나가는 꽃 범벅만 달았구나

꿩 대신 닭이라더니
거미야 거미야
네 재치 참으로 흠모스럽다

이왕이면 떠나갈 네 님도 달아 놓고
강물 따라 흘러갈
네 마음도 달지 그랬더냐

삼랑진역 배장수

74년 여름방학
부산 진역을 출발한 비둘기호 열차
사상 물금 지나
당도한 삼랑진역

역 구내 승강장은
대 여섯 분 배장수들이
차창 너머 배 사라 소리치고
차장의 호루라기 소리가 뒤섞여
소란하다

그중 아주머니 한 분
“배 사이소! 배 사이소!
물 많고 맛 좋은 내 배 사이소!” 한다
양은다라엔 한가득 배를 담아 이고

내 배 사라니…
하물며 아주머니께서…
그 모습 바라보며 생각하는
중학생의 머리가 참 복잡다

그런 시절도 있었다

차창 너머로 곱게 펼쳐진
낙동강의 아름다운 풍경도
삼랑진역 승강장의 아주머니 배장수도
있었다

그분은 아직 건강하실까?

간이역 풍경

코스모스 흐드러지던 날
간이역에 들어서는
비둘기호 완행열차

흰옷 검정 옷 어머니 같으신 분
양손 가득 보따리 들고
딸네 집 찾으셨나 종종걸음 바쁘시고

까까머리 검정 교복에
삐딱하게 교모 쓴 녀석
한가득 가방엔 책을 욱여넣었나
어깨가 무거워 보인다

웩~~!
기차는 가겠다며 기적을 쏟아 내고
빨강 깃발 파랑 깃발을 든 차장
수신호를 한다

차그덕~ 차그덕
레일 위를 구르는 차바퀴 소리
검은가 흰가 디젤기관차의

엷은 내음만 남기고
기차는 그렇게 또 멀어져 간다

하늘 위엔 높게
동동 구름 몇 조각 걸렸고
바라다보는 녀석의
순진한 눈망울이 맑다

석탑(石塔)에 담긴 마음

한 발 한 발
가쁜 숨 몰아쉬며
오르는 정상(頂上) 길목

너드랑 돌로
쌓아 올린
석탑(石塔) 두 개

누군가의 산행(山行)길
무탈기원(無頉祈願)
간절한 마음에
쌓아 올렸을 정성(精誠)

정중히 두 손 모아
합장(合掌)하고 돌아서는데
먼 듯 가까운 곳 암자(庵子)
은은히 들려오는 스님 목탁 소리

스님께서도
오가는 중생(衆生)의
영생극락(永生極樂) 기원(祈願)하시나 보다

공수래공수거(空手來空手去)

내 죽으면
약간의 슬픔과
그리움과 회한(回還)이
유산으로 남을 테고

수많은 아픔과
고통과 연민은 있겠지만
남는 것은 아무것도 없으리니
참으로 허망하지 않는가

이럴진대

살아 있음에 감사하고
행복해하며
욕심 없이 진실된 마음으로
모든 것을 사랑하고
베풀며 살아야 하리

어차피 인생지사(人生之事)
손에 쥐고 온 거 없이 왔다가(空手來)
빈손으로 가니(空手去)
공수래공수거(空手來空手去) 아니던가

대보름달집

내 한 몸 태워
세상 모든 중생
복 받을 수 있다면
천 개라도 만 개라도 태우리라

내 한 몸 태워
이 세상 모든 이들
근심 걱정 덜 수 있다면
활활 태우리라
한 줌 재로 돌아갈지라도
온몸 사르리라

내 한 몸 태워
오늘을 살아가는 이들
아픔 안고 갈 수 있다면
내 모든 혼을 태워
그들의 아픔을 그들의 슬픔을
그들의 애환을 가져가리라

저 하늘 높은 데까지
태워 올리리라

얼레지

수줍게 피어도
다소곳하고 이쁜데
무척 도발적이구나

꽃잎 치마는
어이하여 거꾸로 뒤집어서
속살까지 보여주누

망측하다
너 그러지 아니 하여도
이쁘다고 말할 텐데

보는 이
민망하기
짝이 없구나

과유불급(過猶不及) (2)

오지마라 오지마라며
손사래 쳐 보지만
추적추적 봄비 그칠 기미 없고

무거워 보이는
구름 이불 언제 걷힐지
가늠 안 된다

적당한 양만큼
넘치지 않게
과유불급(過猶不及) 이라지 않더냐

누군가는
자연의 섭리라 우기지만
이건 해도 너무한다

이제 좀 그치지
이럴 때 하늘님 찾으시는 분들
기도 좀 하여주오

비도 적당히
잦지 않게
필요할 때 내려 주시라고

위대한 자연

(한 방울이 바다 만들고)
작디작은 옹달샘 한 방울 물
샛강 이루고
넓디넓은 습지 거느린
강을 만드니

어느새 거센 폭포
천둥소리 뒤로한 체
흘러 흘러 바다에 도달한다

만경창파 바다로다
한 방울 샘물
바다를 만들다니

참으로 자연은 위대하고
위대하구나

(한 알 숲을 이루다)
한 알의 작은 씨앗
바람에 실려 날아가다
의지 할 작은 공간 한 줌 흙더미에

여리디여린 뿌리 내리고
소담한 싹 틔우니

작은 풀밭 어느새 숲으로 덮이고
울창한 거목 되어 열매 맺고
오가는 길손 식량 나누며 낙원 이루니
참으로 자연은 위대하고 위대하구나

지표 없는 이정표

숨차게 올라
쉼도 잠시

지표 없는 나는
어디로 가야 하나

이리 가면 저기고
저리 가면 거기라며

이정표는 사방을
가리키고 있으나

딱히 갈 곳 정하지 못한 나는
어디로 가란 말인가

아~~!
내 한 몸 갈 곳이
이리도 없더란 말인가

거울 속의 나

거울을 봅니다
거기에는 내가 없습니다

하루 한 살 더 먹으며
한 줄 더 늘어만 가는
주름만 탓하는 늙은이만
있을 뿐입니다

세상 고민하는 척
광대들 마냥
괜한 얼굴 찌푸림으로 연기해 대는
하나의 어리석은 인간만 있고

그저 하루 밥만 축내는
식충이만 있으며

아무짝에도 쓸모없는
비루한 한 인간만이
존재할 뿐입니다

작은 시골 역의 추억

가쁜 숨 몰아쉬며
역 구내로 기차가 들어서면
누군가는 상봉을 하고

차그덕 터그덕
슬며시 역을 빠져나가면
또 누군가는 눈물을 훔쳐내던 곳

한 세기 넘도록 한 자리에서
동네 어르신을 맞이하고
하얀 볼 이쁜 땅꼬마를 안아 들이던

추억이 서리고 만남이 있고
이별이 있던 작은 공간
이제는 이름만 남기고
역사의 뒤꼍으로
아무 말 없이 나 앉는다

먼 길 온 객들이 앉아
서로 간의 안부를 묻고 애환을 나누던
손때 묻은 긴 의자

수학여행 온 학생들이
삼삼오오 오가던 건널목

코스모스 해바라기
라일락 향기가 그리웁 듯
건물 중앙에 내 걸렸던
작은 시골 역 이름들은
내 마음속에 오래도록 추억으로 남으리

* 호계역, 불국사역, 다솔사역 외 지금은 기차가 정거하지 않고 명멸된 수많은 작은 폐 시골 역을 회상하며…

모두가 떠나버린 강은 쓸쓸하다

모두가 떠났다

그 많던 백로와 왜가리
청둥오리 비오리
물닭에 쇠물닭
새카만 가마우지까지

부리나케 올라가는 녀석
황급히 내려오던 녀석들로
분비고 소란하던 강

이제는 모두가 떠나고
강물엔 조용한
적막만 흐른다

이 공허함 채워 줄
녀석들 다시 보려면
여름 가고 가을 지나
겨울 오면 돌아오려나

푸르렁 거리던 날갯짓
꽥꽥대던 소리조차 없는
그저 조용하기만 한

모두가 떠나버린 강은
그래서 쓸쓸하다

단물 빠진 옥수숫대

해임아 맛있나?
하! 억수로 달다
함 무봐라

두 놈이 연방 잘라 낸
옥수숫대 껍질 벗겨 내고
입가에 침 흐르도록 핥아먹는다

질겅질겅 씹으니
급기야는 짭자부리 한 맛이
끝자락에 자리하고

미알시런 동생 놈 한마디 한다
해임아 와 첨에는 달더마
인자는 짜노?

형이 대꾸한다
그기 단물이 다 빠진기라
그래서 글타 아이가

두 놈의 이야기가
우리네 살아가는
일상을 대변하는 것 같아
참 많은 걸 생각하게 한다

바라다보는 나도
달아야 하는데
와이리 짜노?

이앙

반반한 논 황토색 빛깔
흙탕물 일으키며
이앙기 발품을 판다

뒤꽁무니로는
차각 차각
어린 모를 진 땅에 던져 꼽으면서

비가 내리는 궂은 날임에도
이앙기는
나는 비랑 상관없다며
앞만 보고 간다

목만 겨우 빼꼼히 내민
갓 심겨진 어린 모
소학교 운동장
나란히 줄 선 아이들 마냥
열오가 바르다

이앙기 한 번 지나면
모는 열 지어 서니

제식훈련 하지 않아도
어린 모는 다 알았나 보다

신기하다

미쳐라

미쳐라
불광불급(不狂不及)이라 했다

사업을 잘하고 싶나?
장사에 미쳐라
적당한 자본도 필요하리라

세상 범죄 응징하려 한다고?
법에 미쳐라
정치권과의 적당한
거래에도 밝아야 할 테고

부동산중개업을 하고 싶어?
중개 거래에 미쳐라
일정 부분 사람 홀리는
기교도 갖춰야 할 거 아니던가

영어를 잘하고 싶나?
작은 사전 하나쯤은
끼고 살아라

시를 잘 쓰고 싶겠지
책도 많이 봐야겠지만
발품 파는데 미쳐라
많이 보고 느껴야 시가 태어난다

광대를 하고 싶다고?
끼도 있어야겠지만
흉내 내는 것에 미쳐라

이 세상 모든 것에
다 잘하고 싶다면
그것에 빠져서 미쳐라
불광불급(不狂不及)이라 하지 않느냐

그러나
전부는 미치지 말며
내 영혼까지도 미치게는 하지 말며
하고자 하는 것에만 미쳐라

시골 5일장

생선 비릿한 냄새에
어물전 아지메들의 걸쭉~한
농담이 오가고

지푸라기 동여맨 눈 붉어진 숭어가
아낙의 손에서 흔들거리니
아마도 저놈은
오늘 저녁 밥상머리
신랑의 찬거리쯤 되겠다

팔팔 끓는 솥단지엔
선짓국밥 한창이며
한 잔 막걸리에
간만에 만난 친구의
농담이 야하고

보기 드문 샤시집엔
색시의 야릇한 우스갯소리
문밖으로 흐를 때
어느새 중천을 지나는
초저녁달이 곱다

멸치털이

어잇샤! 어잇샤!
검게 그을린 얼굴엔 온통
고기비늘 두껍게 화장을 하고
뱃전에 늘어선 어부들
오늘도 어망 속 멸치를 털어 낸다

공중으로 치달은 멸치
밤새워 내리는 이슬마냥
사뿐히 내려앉고
어부들은 연신 하얀 이 드러내며
환하게 웃는다

아마도 오늘은
어창 가득 넉넉히
멸치가 들었었나 보다

풍년 인심(豊年 人心)

노랗게 잘 여문 들판
여기저기 타작마당 열리고
장골 둘이 밟아
윙윙대는 탈곡기(脫穀機) 소리는
한 잔 막걸리 따르는 소리

코흘리개 동이는
누나 등에서 잠들었고
쭉정이는 가라며 돌려대는
풍로(風爐) 밑에 쌓인 알곡이 곱다

한여름 무더위에
멸구까지 극성이더니
엎드려 김맨 보람
풍년(豊年)으로 왔구나

김샌! 이 서방!
내 오늘 저녁에는
막걸리 거하게 한 잔 삼세
일 다 마치면 같이 하세나

해 저문 시골 들판의
풍년인심(豊年人心)이 정겹다

분필 총알

알듯 말듯 기호에
열심히 판서하시던 선생님
갑자기 휙 돌아
쓰다 닳은 분필 날리시고

책상에 엎드려 자던 녀석에게
전광석화(電光石火)같이
정확히 발사된 분필 총알

"딱!"
경쾌한 소리와 동시
"아야!"

고소~ 하다는 듯
여기저기 급우들 키득거리니
자다 날벼락 맞은 녀석
좀 억울한 표정에
주변 두리번거리나

선생님 분필 총알
한 치 오차 없이

녀석 정수리에 도달하였고
광경 목도한 우리
급기야 폭소 자아낸다

어느 저격수(狙擊手) 총알이
이보다 정확하랴
엉겁결에 저격당한 녀석은 또
얼마나 아프고 억울했을까?

자다가 당한 녀석의
우스꽝스러운 얼굴이
시골 초가집
굴뚝 연기처럼 피어오른다

사계예찬(四季禮讚)

메마른 가지
생명물 차오르고
봄 축복 속
싹트고 꽃 피운다

여름 되어
초목 푸르르고
새들 노랫소리
지천 울려 퍼지며

가을엔
오곡 과일
풍성함으로 화답하니
농부 마음 행복하고

겨울이라는 빈 잔
고독으로 자리 잡아 아쉬웁지만
다시 돌아 올 기다림으로
오늘을 접는다

습지(濕地)의 사계(四季)

봄 버들강아지 보송보송
드렁허리에
쇠물닭이 놀고

여름 한바탕 소낙비에
생이가래 넘쳐나니
화사한 연꽃
부처님 얼굴을 닮았다

물안개 피어오른
가을 이른 아침
억새풀 하얗게
바람에 하늘거리고
메뚜기며 방아깨비
몸단장 한가한데

북녘에서 선듯 바람 불어
기러기와 큰고니 품으니
고독이라는 겨울 빈 잔
한가득 채워 붐비며
습지(濕地) 장터 소란하구나

여름날 오후

뙤약볕에 풀 한 바구니 비어다
염소 마구 던져 넣고
길어 온 우물에 등목하니
세상천지 깨운타

보리밥에 된장 상치쌈
한 그릇 뚝딱
마루 짝 사이사이
바람이 솔~ 솔

버드나무 이피이
햇살에 반짝이고
얼굴을 만지며 지나는
바람이 보드랍더니

흑벽 기댄 아이의 눈이
천근만근 무거워
스르르 잠이 들 때
플라타너스 나무에서는
매미만 여름 해랑 논다

노방생주(老蚌生珠)의 지혜(知慧)

늙은 조개가
진주를 품는 단다

만물도
제대로 여물고 익어야
맛이 들고

우리네 인생 또한
석양 노을 붉게 물들어서야
세상이치 깨치니

다만
너무 늦지 않을 때를
아는 것도
지혜 아니겠는가

기차여행

바람 한 점 없는 늦가을 점심나절
낙동강 칠백 리 길
빨간색 새마을호가 내닫고
여행자는 말없이 차창 밖을 본다

간간이 나무들 스쳐 지날 때
맑은 햇살 아래 곧게 뻗은
레일이 빛나고
저 멀리 수면엔 윤슬이 곱다

그 옛날 느릿느릿
작은 간이역까지도 섰다 가던
비둘기호 열차
불현듯 떠오르니

혼자여서 좋았고
여럿이 가도 낭만이 있던
그런 여행 아니어도
기차여행은 언제나 여유로와 좋구나

늦가을 기차여행
빨간색 예쁜 새마을호 열차
하늘엔 가을 구름 떠가고
여행자는 다시 사색에 잠긴다

하나는 외로워 둘이랍니다
— 달과 금성

하나는 외로워
둘이랍니다

차가운 밤하늘에
혼자는 서러워
둘이랍니다

내 친구는 커요
나는 작지만
그래도 마음은
둘이 똑같지요

오늘 밤
누가 더 밝은지는
중요치 않아요

하나는 외로워
둘이랍니다
하나는 서러워
둘이랍니다

까치밥

무성 턴 잎사귀 다 벗고
남은 앙상한 가지
까치밥 하나 남겼으니

이 추운 겨울
오다가다 주린 배 채우라
남겼으리

그나마도 다 먹지 않고
우리 동무 쉬멍 놀멍 지날 때
내 먹다 남겨 두었으니
요긴하게 먹으라는 거구나

까치밥 남긴 농부나
동무 생각 까치나
그 마음 황홀히 예쁘다

인정(忍靜)

不義를 봤는가
참지 마시게
피고름 놔둔다고
살 되지 아니하듯
저 아래 인내(忍耐)의 저장고(貯藏庫)에
넉넉히 담아 놓게

그러다 심장(心臟) 깊은 곳에 폭발음 일고
활화산(活火山) 같은 분노(憤怒) 치밀어 오르면
폐부(肺腑) 깊숙이 숨 한 번 들이쉬고
허공(虛空)에다 미친놈처럼
고함이라도 치시게

잠시 지난 후
노도(怒濤)처럼 밀려와 심기(心氣) 불편케 하던
세상(世上) 온갖 잡것
마음 여과기(濾過器)에 조용히 가라앉으면

명경(明鏡)처럼 맑은 마음으로
가부좌(跏趺坐)에 눈 감고 앉아
조용히 벽을 보시게
거기엔 진정
심연(深淵) 속 우주(宇宙) 같은 고요만 있으리니

올 겨울엔

올 겨울엔 맨 먼저
바닷가를 가고 싶었습니다
거기엔 고독이 있고
잊힌 사랑이 있고
먼 길 가는
연락선의 기적이 있으며

밤새워 누군가를 기다릴
등대가 함께하고
수천수만 번을 밀려왔다
쓸쓸히 돌아서 가는
파도의 슬픈 사랑이
있을 테니까요

四季 輪廻歌

(첫째장 ; 이별)

해가 가네 해가 가네
서산 너머 해가 지네
나도 따라나서지만
발이 짧아 다 못 쫓고
달도 가네 달도 가네
은하 먼 길 달도 가네
나도 따라가려네 만
오작교라 폐문되어
멀어지는 님 모습만 보네
어화둥둥 어화야
어화둥둥 어화야

(둘째장 ; 재회)

동지섣달 대한 소한
입춘에 경칩 곡우
마른 가지 생기 돋고
배화 난조 벚꽃 피어
만화방창 화려하니
가셨던 님 오셨구나
이같이 어여쁜 날

다시 보니 복이로다
꿈만 같네 영화로다
어화둥둥 어화야
어화둥둥 어화야

(셋째장 ; 결실)
여름 맺고 비 내리니
하루 달리 크는구나

입추 처서 과실 따고
탈곡 수확 가득하니
풍년이라 넉넉하며
나의 님도 웃으시고
내 마음도 행복하니
이같이 좋은 날
영원 곁에 있어 다오
어화둥둥 어화야
어화둥둥 어화야

(넷째장 ; 휴식)

입동에 동지 겨울
한 잎 두 잎 낙엽 지메
앙상 가지 홀로 남고
기러기 떼 높이 날 적
고산 상고 광야 백설
타박타박 나그네 발길
한적한 바다 끝에 멈춰
한 봉 담배 불어 내며
다시 올 님 생각하고
고독 시간 갖는구나
어화둥둥 어화야
어화둥둥 어화야

노벨과 잔머리 테크닉

노벨이라는 태산(泰山)
오르고 넘지 못할 산이라면
애시당초 쳐다보지도 않았다

문학(文學)을 깔보기 이전에
문학인(文學人)이라는
사람들을 내려다본 것도
아니다

나의 내면(內面)을
적날히 꺼내 보여 주고
내 색깔까지도 내어 보이면
감히 오르지 못할 산은 아니리

그러나 아직 내 글은
진부(陳腐)한 한글의 조합(調合)에
어리숙한 한자를 버무린

잔머리 테크닉일 뿐
이상도 이하도 아니지만

그렇게 산을 오르다 보면
노벨이라는 산 또한
쉬이 넘을 수 있으리…

乙巳年 2월 초
홍기은

문학세계대표작가선 1045

사색의 窓

홍기은 시집

인쇄 1판 1쇄 2025년 4월 3일
발행 1판 1쇄 2025년 4월 10일

지 은 이 : 홍기은
펴 낸 이 : 김천우
펴 낸 곳 : 문학세계 출판부 / 도서출판 천우
등 록 : 1992. 2. 15. 제1-1307호
주 소 : 서울시 광진구 구의강변로 85 강우빌딩 7F
전 화 : 02)2298-7661
팩 스 : 02)2298-7665
http://cafe.naver.com/chunwu777
E-mail : cw7661@naver.com

값 15,000원

ISBN 978-89-7954-952-2